AF590142

FEU! FEU!

LA GUERRE!

PARIS.
IMPRIMÉ PAR E. THUNOT ET Cie,
RUE RACINE, 26, PRÈS DE L'ODÉON.

1859

FEU! FEU!

LA GUERRE!

PARIS
IMPRIMÉ PAR E. THUNOT ET Cie,
RUE RACINE, 26, PRÈS DE L'ODÉON.

1859

L'horizon s'obscurcit, le vent souffle à la guerre, tout le monde parle de guerre, les journaux poussent à la guerre, *le Siècle* et *la Presse* en tête. Je pourrais bien vous dire pourquoi, mais vous ne me croiriez pas. Les diplomates échangent des mensonges, les bataillons s'ébranlent et se massent sur l'éternel champ de bataille des ambitions souveraines, le nord de l'Italie.

Et le peuple!... le pauvre peuple s'apprête, comme toujours, à payer les pots cassés.

Aussi se demande-t-il : pourquoi la guerre?

Est-ce par hasard pour faire cadeau au roi de Sardaigne de la Lombardie, après en avoir chassé les Autrichiens?

Mais, d'abord, les Lombards ne veulent pas du roi de Sardaigne. Ils lui tiraient sus lorsque seul il faisait face à l'Autriche, au nom de l'indépendance italienne, et ils n'ont pas aujourd'hui plus de sympathie pour lui qu'alors.

Quand je dis les Lombards, je parle du peuple lombard, de ce peuple qui travaille, qui sue, qui paye les impôts et qui forme les neuf dixièmes de la population. Je ne parle pas de quelques nobles millionnaires qui boudent, ni de toutes ces ambitions d'avocats, de journalistes, de prolétaires lettrés, qui, en Italie comme ailleurs, veulent arriver au pouvoir, n'importe comment.

Or voilà tantôt vingt ans que je visite plus ou moins le nord de l'Italie et que j'interroge les besoins, les sympathies, les aspirations dans toutes les classes, et partout je trouve la même réponse : Nous ne voulons pas des Piémontais ; nous préférons encore l'Autriche, si nous ne pouvons avoir l'indépendance et un gouvernement lombard.

Il est donc bien entendu que la guerre, si elle a lieu pour le bénéfice de la Sardaigne, se fera contre les sympathies des Lombards.

Voilà pourquoi ceux qui doivent payer sont bien autorisés à demander de quel droit, parce qu'on est puissance de premier ordre, on irait porter le fer et le feu dans un pays, sous prétexte de lui donner un gouvernement dont il ne veut pas.

Est-ce que par hasard les Lombards n'ont pas déjà assez à souffrir des maux qu'entraîne inévitablement une domination étrangère ? Faut-il, pour les consoler, y ajouter ceux d'une guerre dont il est impossible de prévoir l'issue.

Mais, dira-t-on, s'ils ne veulent pas être Sardes, on leur

donnera la liberté, une constitution, un gouvernement de leur choix.

D'accord, rien de mieux.

Et ici j'ai besoin encore d'évoquer mes souvenirs et mes observations. J'aime les faits, l'arithmétique de la politique; et les théories ne me touchent que quand elles sont possibles.

Quelle constitution, quel gouvernement donnerez-vous aux Lombards, toujours dans l'hypothèse que vous aurez chassé les Autrichiens, ce qui ne m'est pas encore démontré? Un gouvernement uniforme? Je vous en défie, si c'est un gouvernement libre et laissé au choix des Lombards. Je vous défie de réunir sous la même constitution Milan, Venise, Padoue, Vérone, etc. Chaque ville, chaque province voudra bientôt s'administrer et se gouverner elle-même, et ne voudra pas dépendre des autres.

C'est l'a, b, c, d des désirs et des besoins des villes de la Lombardie, et vous ne le savez pas encore.

Que ferez-vous donc? Ou vous leur imposerez votre constitution bon gré, mal gré, ou vous les laisserez libres de choisir.

Dans le premier cas, pourquoi en chasser l'Autriche qui y est bien installée sur la foi des traités, et qui gouverne et administre tout aussi bien, sinon mieux que vous ne pourriez le faire?

Donnez-vous la peine, pour vous convaincre de cette dernière assertion, de visiter attentivement l'Italie, et vous me direz ensuite ce que vous pensez de la Lombardie comparée à Rome, où les Français ont établi leur influence avec leur garnison, à Naples, où règne un Bourbon, etc.

Je n'ai pas plus que vous de sympathies pour la domination d'un peuple sur un autre, d'une race sur une race différente, d'une nationalité sur une autre nationalité. Ce sont là des crimes, des monstruosités politiques injustifiables.

Mais malheureusement l'histoire n'est pleine que de ces faits-là, et il faudrait aujourd'hui, pour avoir le plus léger prétexte, la plus petite raison de son côté, en attaquant l'Autriche en Italie, déchirer une fois pour toutes la carte d'Europe, tous les traités, et refaire dans un congrès général les nationalités européennes.

Par quel droit, je le demande, la Russie, la Prusse et l'Autriche possèdent-elles la malheureuse Pologne, qui crie encore justice du fond de son tombeau? Par quel droit l'Angleterre protestante opprime-t-elle l'Irlandais catholique, qui ne cesse de gémir sans espoir? Je m'en tiens à l'Europe à propos de l'Angleterre; car si cette nation se vante que le soleil ne se couche jamais sur l'empire de Victoria, c'est pour éclairer d'un bout à l'autre des deux hémisphères ses attentats politiques contre la liberté des peuples. Par quel droit le musulman campe-t-il sur les plus belles provinces de l'ancien empire grec, et soumet-il à ses lois iniques, à sa corruption et à son fanatisme les populations chrétiennes qui n'attendent que le jour de la délivrance?

Par quel droit le Français retient-il sous ses baïonnettes les populations musulmanes de l'Algérie, dont la conquête ne date que d'un jour?

Par quel droit? Vous le demandez. Par le droit du plus fort, cette raison dernière, ce *vis ultima* des gouvernements sur les peuples opprimés.

De quel droit? Mais il ne fait pas bon demander à tout le monde de quel droit?

Si donc on veut donner une constitution uniforme à la Lombardie, à Venise, etc., il faudra, je le répète, l'imposer de force, il faudra alors un protectorat, des armées étrangères, des impôts pour payer les frais, de la violence et de la tyrannie pour faire observer cette constitution par ceux qui n'en voudront pas.

Encore une fois, laissez faire l'Autriche; elle sait accomplir tout cela mieux et avec plus de mesure que vous. Elle en a l'habitude de longue main.

Pauvre Autriche! Je m'imaginais qu'un gouvernement qui avait si bien planté une de ses jambes de l'autre côté des Alpes, dans le plus beau pays du monde, avait au moins pris la peine de lire son Machiavelli qui, lui aussi, connaissait assez bien les Italiens; et je m'étonnais de ne trouver en Lombardie que des Lombards : fermiers, cultivateurs, marchands, hôteliers, employés de toute sorte, partout et toujours des Lombards; pas l'ombre d'un Autrichien, excepté ces malheureux habits blancs qui sont presque toujours encasernés, et qui ont l'air de se trouver hors de chez eux.

Or, si je ne me trompe, Machiavelli, qui en savait évidemment plus long en matière de gouvernement que les cabinets autrichiens, ne cesse de répéter :

Si vous faites la conquête d'un pays étranger, exterminez, chassez, exilez les familles importantes de ce pays-là, et remplacez-les par des gens de votre nation. Vous n'aurez de conquête profitable qu'à ce prix. Car autrement il vous faudra garder continuellement ce pays avec une armée considérable dont les frais absorberont tous les revenus que vous pourrez en retirer. De plus, vous aurez là une source intarissable de difficultés diplomatiques (l'Autriche en sait bien quelque chose, je crois), et tôt ou tard il faudra vous résoudre à l'abandonner de force.

Maintenant, si j'avais un conseil à donner à l'Autriche, puisqu'elle n'a pas pratiqué son Machiavelli comme elle l'aurait dû, ce serait de prendre ce dernier parti à la première occasion favorable et de laisser les Lombards se gouverner eux-mêmes.

Il est donc clair, je crois, que parce qu'on est puissance de premier ordre, on n'a pas le plus petit droit de livrer au roi de Sardaigne les Lombards qui n'en veulent pas On n'a pas non plus le plus petit prétexte de leur imposer une constitution quelconque qui ne serait pas de leur goût.

Il ne reste donc qu'à laisser aux Lombards délivrés pour toujours du joug de l'Autriche, je tiens à faire mes réserves à cet égard, à laisser, dis-je, aux Lombards le droit et la faculté de se gouverner eux-mêmes.

Il n'y a rien qui me plaise autant en histoire et surtout en politique que les expériences et les faits. On sait alors à quoi s'en tenir. Oh, comme je trépignerais de joie si je pouvais, l'automne prochain, aller me promener à Milan, à Venise, à Padoue sans y voir l'éternel habit blanc, mais aussi sans le plus petit bout de pantalon garance! Comme j'aimerais à contempler ces bons Lombards à l'œuvre, faisant de toutes ces petites nationalités rivales, Venise, Milan, Padoue, Vérone, Bergame, etc., la grande nationalité lombarde!

Je parierais cent contre un qu'avant cinq ans l'Autriche ou la France y seraient de nouveau, appelées par les Lombards eux-mêmes.

Que voulez-vous? j'aime le patriotisme, j'admire l'enthousiasme; mais je n'aime pas à en faire à tort et à travers. Je n'aime pas les illusions.

Je ne prétends pas en savoir plus sur le caractère italien que Dante; je ne suis pas meilleur patriote que lui. Ce que je sais, c'est que les Italiens de nos jours n'ont pas plus de patriotisme et d'énergie que ceux de l'époque de Dante. Il y a bien des raisons pour cela.

Or pourquoi ce grand citoyen, cet habile politique mêlé à toutes les affaires de son temps, cette âme divine, pour me servir d'une expression italienne, l'immortel auteur du plus étonnant poëme, pourquoi dans sa douleur profonde, dans son amour pour sa patrie, dans la mélancolie de l'exil, au milieu des inspirations les plus nobles de la poésie, pourquoi désespéra-t-il de sa patrie? pourquoi demandait-il un maître d'au delà des monts pour apporter enfin, au milieu de l'anarchie, des haines et des crimes qui ensanglantaient l'Italie, l'ordre et la paix avec la domination étrangère?

Quand un homme comme Dante en a été réduit à douter de son pays à une époque, je le répète, où les hommes étaient bien autrement énergiques qu'aujourd'hui, on a bien le droit, quand on a pris la peine d'étudier les Italiens depuis vingt ans, de douter de leur aptitude à se gouverner jusqu'à preuve du contraire. Je ne demande, du reste, qu'à être convaincu.

Or il n'y a à mes yeux qu'un moyen pour les Italiens de me faire faire amende honorable et de conquérir réellement, glorieusement, solidement leur indépendance et leur liberté, c'est de le faire eux-mêmes.

« L'*Italia farà da se,* » — telle était la noble devise qu'elle avait adoptée dans sa dernière insurrection pour chasser l'étranger du sol de la patrie. Oui, que l'Italie apprenne à conquérir seule sa liberté.

Car la liberté, elle est à ce prix. Jamais elle n'a pris racine sur le sol d'un peuple quand elle a dû y être plantée par l'épée de l'étranger. L'histoire nous offre à peine l'exemple d'une nation émancipée par d'autres moyens que par ses propres forces; elle nous en montre mille où l'intervention étrangère a été le prétexte et la raison d'une domination injuste plus tard.

Il est temps que l'Italie sache à quoi s'en tenir sur des sympathies prétendues qui font mille fois plus de mal à sa cause qu'une politique d'abstention et d'indifférence. Il est temps qu'elle étudie attentivement ses annales et qu'elle y voie partout, en caractères de feu et de sang, l'intervention de l'étranger.

L'étranger, le fléau, la malédiction de l'Italie!

Répétons-lui sans cesse : Les occasions et la force ne manquent jamais aux peuples qui ont le patriotisme nécessaire. Ce sont les peuples qui manquent souvent de patriotisme.

Est-ce que l'Italie ne tenait pas dans ses mains son indépendance, il y a peu d'années? Est-ce qu'elle ne l'a pas laissée échapper? Pourquoi? C'est qu'elle a manqué d'union et de patriotisme.

L'union et le patriotisme, voilà le seul moyen de constituer aujourd'hui, comme au temps de Dante, la grande nationalité italienne. L'envie, les rivalités et les fausses ambitions, voilà les fléaux qui tiennent et tiendront l'Italie asservie et divisée.

C'est contre ces crimes que le grand poëte imaginait les plus affreux supplices de son enfer. Mais il est un châtiment que Dante n'avait fait que pressentir, c'est celui de la liberté perdue et de la domination étrangère.

Ainsi donc, vous tous braves gens qui payez, quoi qu'il arrive, les frais de la guerre, et de vos corps et de vos bourses, restez bien convaincus que l'intervention armée en Italie ne donnera jamais l'indépendance aux Italiens, qu'elle ne fera, au contraire, qu'aggraver leurs maux en les livrant, après les avoir compromis, aux vengeances de gouvernements irrités et par les menaces du dehors et par les dangers du dedans.

Voilà le bénéfice de la guerre pour les Italiens.

Maintenant quels avantages en retirerez-vous? Je vous le dirai bientôt.

Paris, 2 février 1859.

Paris. — Imprimé par E. Thunot et Ce, 26, rue Racine.

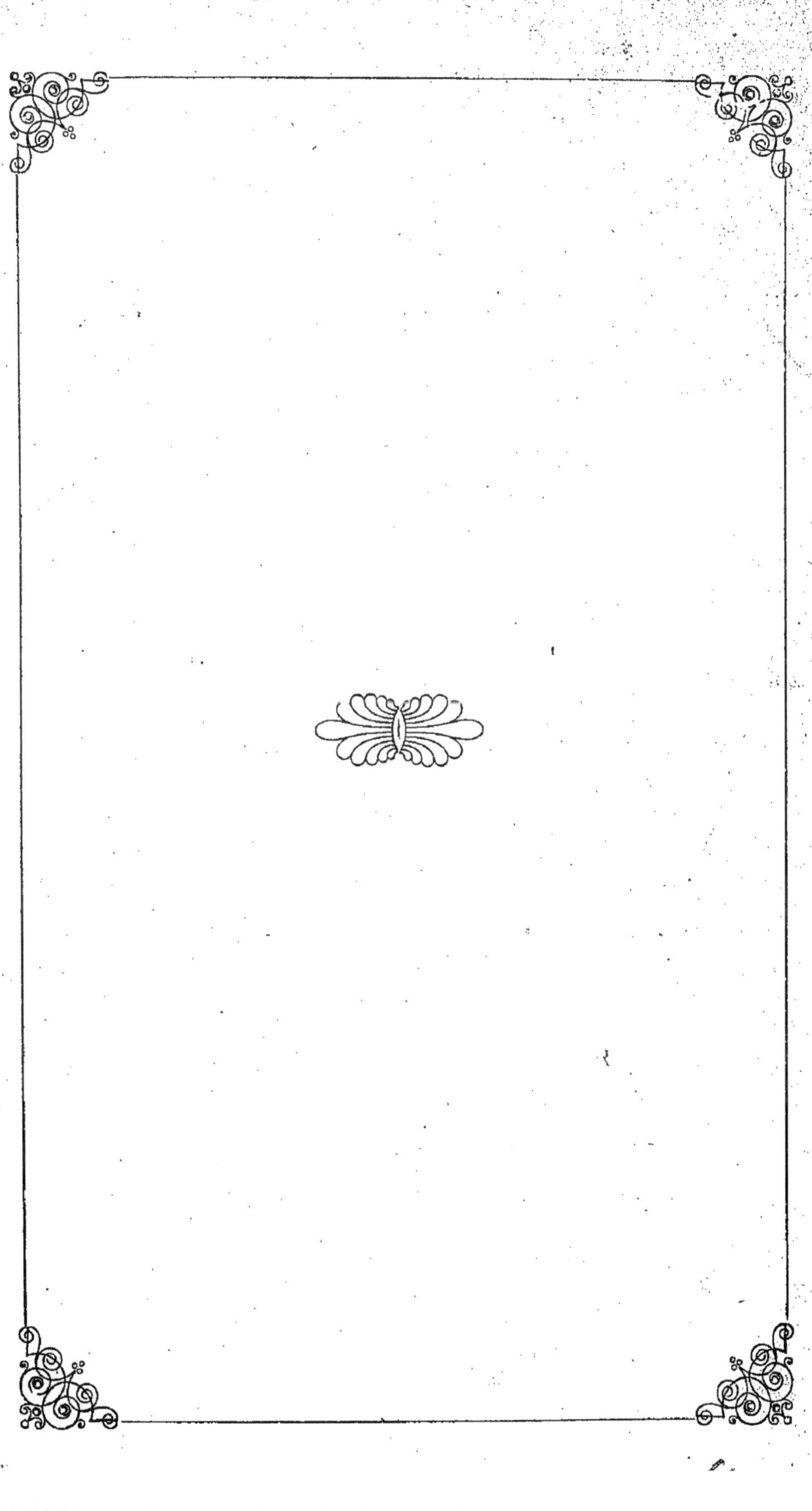

www.ingramcontent.com/pod-product-compliance
Ingram Content Group UK Ltd.
Pitfield, Milton Keynes, MK11 3LW, UK
UKHW012134240726
13965UKWH00005B/2180

9 782012 489745